AKỤKỌ ỌNỤỌGỤ

THE NUMBER STORY

SMALL BOOK ONE

ENGLISH - IGBO

*Numbers Teach Children
Their Number Names*

written and illustrated by

MISS ANNA

Early Reader Edition of *The Number Story 1*
Bronze Medal Winner, 2016 Wishing Shelf Book Award

Cover by | Lumpy Publishing
Layout by | Lumpy Publishing
Translated by Chukwuemeka Anene
Coloring by Jieeun Woo and Maria Mirabella

Library of Congress Control Number: 2018902040

Names: Miss Anna, author.
Title: Number story : numbers teach children their number names / Miss Anna.
Description: Portland, OR: Lumpy Publishing, 2018.
Identifiers: ISBN 978-1-945977-79-4| LCCN 2018902040
Summary: The pictures and rhymes present stories which introduce numbers 0-10.
Subjects: LCSH Numeration—English—Igbo--Pictorial works--Juvenile literature. | BISAC JUVENILE NONFICTION /
Languages: English—Igbo
Classification: LCC QA141.3 .M57 2018 | DDC 513—dc23

Publisher: Lumpy Publishing
Website: www.missannabooks.com
Email: missanna@missannabooks.com

Paperback: ISBN 978-1-945977-79-4
Printed in the U.S.A.   1 3 5 7 9 10 8 6 4 2

Ị chọrọ ịmụta aha ọnụọgụ?

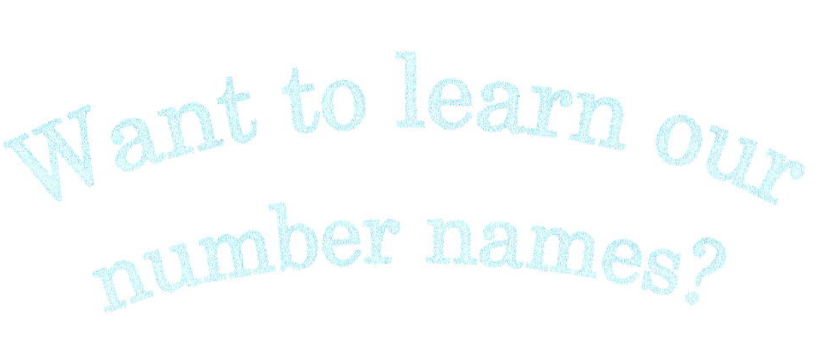

It is very easy and a lot of fun!

Ọ dị mfe bụrụkwa ihe egwuregwu!

Say-along our little jingle

Soro anyị gụọ obere akụkọ anyị!

starting from Number One!

Anyị ga-ebido n'ọnụọgụ Otu!

1

ONE   looks like my one finger.

OTU

dị ka otu mkpịsị aka m.

ONE!
OTU!

2

TWO   trails a tail.

ABỤỌ

na-eso ọdụdụ.

A TAIL! AKA ỌDỤDỤ!

3

THREE has bumps.

ATỌ

nwere mkpu.

BUMPY! MKPU MKPU!

4

FOUR carries a sail.

ANỌ

bu aka ụgbọ.

A SAIL!
AKA ỤGBỌ!

5

FIVE is a racing track.

ISE

bụ ala ọsọ.

VROOM
FIAM!

6

SIX   curves like a snail.

ISII

shikọrọ ka ejula.

A SNAIL!   AKA EJULA!

7

SEVEN has a sharp angle.

ASAA

nwere akụkụ dị nkọ.

BE CAREFUL! IT'S SHARP!

Lezie anya! Ọ dị nkọ!

8

EIGHT is rollercoaster rails.

ASATỌ

bụ okporo *rollercoaster*.

YAY!
YIPPEE!

NINE is a bubble on a stick.

ITOLU

bụ mkpụrụ mmiri dị n'osisi.

A BUBBLE!

MKPỤRỤ MMIRI!

10

TEN   is an eye of a whale.

IRI

bụ otu anya akụm.

HELLO! KEDU!

And

Na

0

ZERO   is an empty pail.

EFU

bụ ite gbara chakoo.

IT'S
EMPTY!
Ọ GBARA CHAKOO!

Thank you for playing with us today.

We had a lot of fun too!

E kelere m gị maka i soro anyị

gwuo egwuregwu nke taa.

Anyị nwere oke añụrị!

We are your Number friends,
Zero to Ten,
Who will be here for you~

Anyị bụ ndị enyi gị nke Ọnụọgụgụ

Efu ruo Iri.

Anyị nọ ebe a maka gị mgbe niile.

Bye-bye now!
See you again soon!
Ka ọ dịgodi!
Ka anyị hụ mgbe ọzọ!

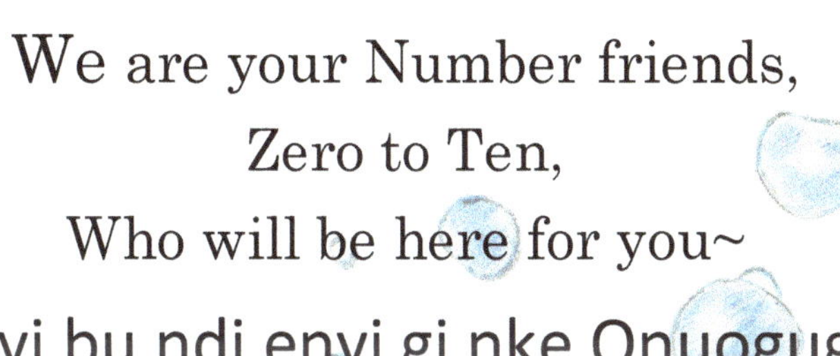

The Numbers are *SINGING* too!

To sing-a-long, look for Miss Anna Number Story
at your favorite music store like iTUNES.

MP3

Numbers 0-10
IDENTIFYING
& COUNTING

Numbers 11-20
& Ordinals

first, second, third...

Numbers 0-100
& Place Values

ones, tens, hundreds...

About Clock
& Telling Tim

hours, minutes, secon

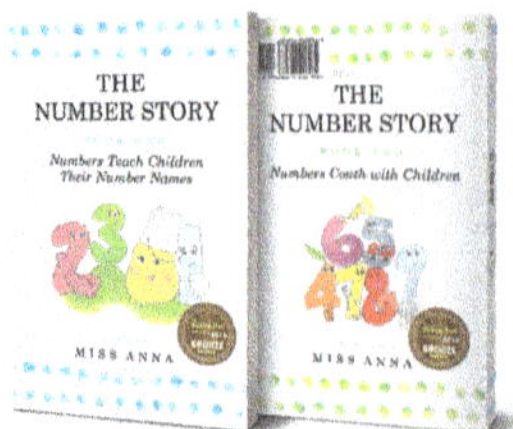

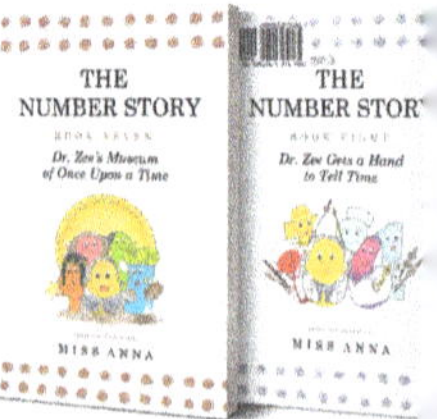

Number Story 1 & 2

isbn: 978-0-996216-48-7

Number Story 3 & 4

isbn: 978-1-945977-01-5

Number Story 5 & 6

isbn: 978-1-945977-06-0

Number Story 7 &

isbn: 978-1-949320-4

For more Miss Anna books to love,
visit us at

w w w . m i s s a n n a b o o k s . c o m

Numbers are working hard all over the world!
Come Travel the World with Us!